PATRICIA SCHAEFER RÖDER

SIGLEMA 575
poesía minimalista

Patricia Schaefer Röder es escritora y traductora literaria. Nació y se crió en Caracas, Venezuela. Allí obtuvo la Licenciatura en Biología y publicó sus primeros ensayos. Vivió en Heidelberg, Alemania y en Nueva York, EEUU, donde retomó el oficio de escribir y se dedicó a la traducción y las artes editoriales. Desde el año 2004 vive en Puerto Rico, dirigiendo su propia empresa de traducción y producción editorial. Los escritos de Patricia han sido merecedores de varios premios nacionales e internacionales, apareciendo publicados en diversos medios, incluyendo la reciente antología *Fronteras de lo imposible* del Certamen Casa de los Poetas 2014, de Puerto Rico. En 2011 recibió el Primer Premio en narrativa del XX Concurso Literario del Instituto de Cultura Peruana en la ciudad de Miami en Florida, Estados Unidos, con su cuento "Ignacio". Su antología de relatos cortos *Yara y otras historias* fue publicada en 2010 por Ediciones Scriba NYC. Entre sus traducciones literarias destaca la novela *El sendero encarnado* (*The Reddening Path*) de Amanda Hale, publicada en 2008 por Verdecielo Ediciones. Patricia tiene un blog literario, donde publica sus escritos: patriciaschaeferroder.blogspot.com.

SIGLEMA 575

poesía minimalista

SIGLEMA 575

poesía minimalista

Patricia Schaefer Röder

Colección Carey

Ediciones Scriba NYC

Siglema 575: poesía minimalista
por Patricia Schaefer Röder
©2014 PSR
Ediciones Scriba NYC
Colección Carey – Poesía

Fotografía y arte de portada: Jorge Muñoz
©Diseño de portada: Jorge Muñoz
©Ilustraciones: Jorge Muñoz
Ediciones Scriba NYC, 2014

siglema575.blogspot.com

Impresión: CreateSpace

ISBN: 978-0-9845727-1-7

Scriba NYC
26 Carr. 833, Suite 816
Guaynabo, Puerto Rico 00971
+1 787 2873728
www.scribanyc.com

© Todos los derechos reservados. Ninguna parte de esta publicación podrá ser reproducida, almacenada, transmitida de manera alguna ni por ningún medio, sea electrónico, químico, mecánico, óptico, de grabación o fotocopia, sin permiso previo del editor.

Puerto Rico, octubre 2014

*Para Jorge, el mejor compañero
y mi mejor amigo.*

Porque todo se originó de un punto...

ÍNDICE

Siglema 575 — 1

Sobre la poesía — 3

RIMA — 5
POESÍA — 6
PALABRAS — 7

A la familia — 9

FIESTA — 11
MADRE — 12
PAPÁ — 13
ALAS — 14
FAMILIA — 15

La esencia femenina — 17

BELLA — 19
DAMA — 20
NOCHE — 21

LUNA	22
LUNA LLENA	23
SELENE	24
CANELA	25
BRAZOS	26
CHICAS	27
ABUSADA	28
RESPETO	29
IRRESPETO	30
MUJERES	31
GRITO DE MUJER	32
MUJER	34
Cosas del alma	35
ALMA	37
LUZ	38
LUZ (II)	39
LUZ (III)	40
ANAM CARA	41
SER	42
IMAGEN	43
VIDA	44

VIDA (II)	45
LIBERTAD	46
HOY	47
TIEMPO	48
TIEMPO (II)	49
AHORA	50
MOMENTOS	51
FUTURO	52
FUTURO (II)	53
CAMINO	54
VERDAD	55
PAZ	56
PAZ (II)	57
BRINDIS	58
ALMA (II)	59
Pasiones	61
SED	63
AMOR	64
AMISTAD	65
FELICIDAD	66
MIEDO	67

TRISTEZA	68
PERDÓNAME	69
GRACIAS	70
AYUDA	71
AUXILIO	72
DIGNIDAD	73
ESTUDIANTES	74
UNIVERSIDAD	76
VALOR	78
MENTIRA	79
BURLA	80
FARSA	81
PERVERSIÓN	82
ODIO	84
MISERIA	85
TERROR	86
UNIDAD	87
JUSTICIA	88

SIGLEMA 575

Un ***siglema 575*** es un poema que se escribe en base a las letras de la palabra o palabras que definen su tema y que constituyen su título. El tema es libre y las palabras que lo definen forman el título, que queda representado en mayúsculas, como una especie de acrónimo. Cada estrofa posee tres versos, de los cuales la primera palabra del primero debe comenzar con la letra correspondiente a la sigla que le toca. La métrica es 5-7-5, con rima libre. Por su naturaleza acrónima, las diferentes estrofas deben poder funcionar independientemente como un poema autónomo que trate el tema en cuestión, y en conjunto, como parte de un poema de varias estrofas que gire alrededor del mismo tema. En un siglema 575 hay tantas estrofas como letras posee el título.

© Patricia Schaefer Röder
15 de agosto de 2011.

Sobre la Poesía

RIMA

Rozan las letras
renace la armonía
en mi alma viva.

Imagen bella
la tuya en mi mente
debo plasmarla...

Momentos breves
que iluminan las sombras
de mi existencia.

Airosa vuelo
entre mil melodías
de poesía.

POESÍA

Palabras, rimas
puntos y suaves comas
...el alma libre.

Olas de viento
traen el espíritu
de nuevo a mí.

Escribo, vivo
late más mi corazón
pluma en mano.

Sol de la tarde
envuélveme cálida
en tu poema.

Índigo cielo
abre toda mi mente
quiero vaciarla…

Al fin lo digo
tan solo unos versos
y resucito.

PALABRAS

Por este verbo
que nutre mi espíritu
escribo siempre.

Alas del alma
tantas ideas libres
vuelan en alto.

Lejos, muy lejos
puedo soñar contigo
palabra adentro.

Abren las letras
secretos escondidos
en el corazón.

Búscame, amor
en los signos del querer
incondicional.

Reina la pasión
inundándome toda
de tinta y papel.

Arriba, vida
hazme respirar hondo
lápiz en mano.

Solas, nosotras
debemos descubrirnos
para existir…

La familia es el primer universo
del ser humano.
—PSR

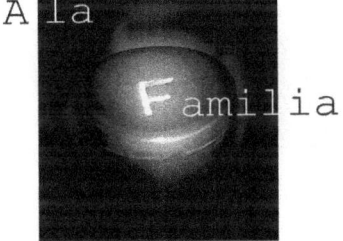

A la Familia

FIESTA

Fin de año es
se abren nuevos libros
de tantos temas.

Impulso vital
para planes futuros
mil mariposas.

Entre la gente
florecen las sonrisas
en esperanzas.

Sabiduría
celebramos la vida
danzando unidos.

Tantos recuerdos
en álbumes eternos
que nos definen.

Algarabía
día y noche regalan
música al alma.

MADRE

Miro tus ojos
la vida se detiene
en mis recuerdos.

Alma guerrera
no te abandonaste
a la tristeza.

Dama paciente
a pesar de mí misma
aprendí de ti.

Ruedan dos gotas
de tus cuencas a mi ser
por mi inmadurez.

Eterna y bella
tu voz resuena en mí
abrigándome.

PAPÁ

Padre querido
días van, días vienen
y estás conmigo.

Amigo bueno
entre todos los demás
siempre el primero.

Puedo sentirte
en medio de mi vida
oír tu risa.

Álzame alto
para besarte dulce
en la mejilla.

ALAS

Abre los brazos
al futuro inmediato
incierto y bello.

Levanta vuelo
desde el derrumbe y lodo
que no te toca.

Amplia la mente
de espíritu universal
y vida libre.

Siente el corazón
como bate tus alas
elevándote.

FAMILIA

Felices vamos
buscando las raíces
casi olvidadas.

Armados de sol
iluminamos vidas
entrelazadas.

Mujeres y hombres
forman aquellas redes
de los ancestros.

Iridiscentes
brillan fuertes los tonos
puros del alma.

La sangre es gruesa
y nunca se diluye
en la memoria.

Iremos siempre
pisando el futuro
desde el pasado.

Abierta mi alma
entre brazos cálidos
respiro en paz.

La esencia Femenina

BELLA

Buscas belleza...
encuentra lo hermoso
en el espejo.

Eres el alma
que crece entre momentos
de dicha y dolor.

Luz propia, intensa
mas no te dejan brillar
a tu alrededor.

Las notas dulces
resuenan dentro de ti
bella armonía.

Ámate libre
dueña de cuerpo y vida
bella por siempre.

DAMA

Dulce eres, mujer
decidida y tan fuerte
rosa de invierno.

Amable siempre
tu alma en la sonrisa
nos llena de luz.

Muchos te quieren
por el trato tan fino
pura y genuina.

Artista gentil
de espíritu indomable
y obra infinita.

NOCHE

Nada escondes
en tu penumbra clara
con gatos pardos.

Oro, solemne
envuelta en las nubes
luna y estrellas.

Cien ojos me ven
camuflados en grises
sombras inquietas.

Humilde vengo
a fundirme en ti, noche
pura y divina.

Entre murmullos
que me mecen tan suave
me rindo a ti.

LUNA

Lágrimas limpias
compartidas contigo
bella Selene.

Ubre celestial
generosa y divina
derrámate en mí.

Nadie conoce
mis mayores secretos
sólo tú, Luna.

Atrévete ya
baja del firmamento
para abrazarte.

LUNA LLENA

Luz de mis noches
vestidas de olvido
deshilachadas.

Un deseo y ya
otro, y otro, y otro más
tan insaciable…

Nunca me dejes
confidente nocturna
quiero hablarte.

Abrazas fuerte
de egoísmo mi vida
me tienes presa.

Las horas pasan
solo tortura y pasión
te vuelven una.

Luna, mi Luna
sí, también eres mía
siempre regresas.

Entre sábanas
me cuentas tus secretos
lejos de todos.

No te vayas, no
necesito ser tuya
completamente.

Abre mi alma
sedúceme de nuevo
Luna divina.

SELENE

Sola estás hoy
misteriosa y mágica
hermosa Luna.

Errante dama
acompañas mi vida
año tras día.

Luces brillante
con tu halo multicolor
flotando suave.

Entras segura
en mi mente y voluntad
dueña del tiempo.

Nunca abandonas
mis huellas en la senda
al horizonte.

Eres tan sabia
en tu zenit de estrellas
reina por siempre.

CANELA

Cien bellos tonos
exhibe tu hermosa piel
siempre perfecta.

Abre los brazos
y en tan rico aroma
estrecha mi ser.

Nada más suave
existe en este mundo
tan dulce sentir…

Entre el espectro
de miles de envoltorios
brilla cálida.

Luces intensas
irradian tu espíritu
y tu alma en paz.

Alegre entregas
pasión y sentimiento
en piel canela.

BRAZOS

Bondad inmensa
que me rodea dulce
entre mis sueños.

Rozan mis brazos
al sentarnos, caminar
rica sensación…

Abrigan mi ser
de modo tan perfecto
dame refugio.

Zafarme, ¡nunca!
moriría de pena
desnuda de ellos.

Ondas serenas
sosiegan mi alma y cuerpo
estremecidos.

Suelto los miedos
me llenas de paz
¡abrázame más!

CHICAS

Cien tonos limpios
decoran corazones
maravillosos.

Hermosas todas
un mundo en cada una
pasión profunda.

Imprescindibles
de espíritu sublime
burlan el dolor.

Con alegría
nos encontramos siempre
en el camino.

Almas brillantes
respirando hondo
apoyándose.

Salud y vida
risas liberadoras
bellas amigas.

ABUSADA

Abres la puerta
y tu vida escapa
sin más remedio.

Buena esposa
siempre allí para él
incondicional.

Utilizada
vejada, abusada
todos los días.

Sangra tu alma
el amor que profesas
gota a gota.

Actriz perfecta
sí, estás convencida
todo está bien.

Dime, amiga
¿eres feliz así?
No lo pareces…

Alza tu alma
recobra la libertad
vive de nuevo.

RESPETO

Radiante brillas
digna de admiración
mujer completa.

Especial siempre
entre todos los seres
de la creación.

Señora, dama
no dejes que te humillen
fingiendo amor.

Pides cariño
quien ama reverencia
no te esclaviza.

Eres esencia
del sentimiento limpio
¡no más insultos!

Toda la vida
obedeciendo ciega
es demasiado.

Oye tu instinto
quiérete tú primero
hazte respetar.

IRRESPETO

Ilegítimo
es quien te ha vendido
por su perversión.

Ríe, se burla
siempre fuiste su esclava
obedeciendo.

Roba tu esencia
cada día un poco más
hasta secarte.

Existes sola
con los recuerdos dulces
que imaginaste.

Sabes que eres tú
quien lo ha dado todo
sin nada a cambio.

Partida en dos
entre tantos escombros
te pisotea.

En medio de ti
negándose a morir
sonríe el alma.

Tragas tu orgullo
siempre por el qué dirán
aquellos otros.

Otra mentira:
dice ser quien te ama
sin respetarte.

MUJERES

Mujeres todas
penando sin justicia
sufren calladas.

Un instante más
el tiempo se termina
mueren de nuevo.

Jóvenes, viejas
plenitud de la vida
en el infierno.

Entre escombros
recogen sus despojos
alma en muñón.

Reencarnan ya
siempre poco a poco
indestructibles.

Ellas, valientes
se limpian las heridas
van adelante.

Sus esperanzas
son morir dignamente
a corto plazo.

GRITO DE MUJER

Grande eres, mujer
alma de artemisa
trazo de venus.

Rasgaron tu ser
tirando las entrañas
por todas partes.

Inmensa y noble
sublimas sobre aquel
que te esclaviza.

Toda corazón
das tu aliento a otros
aunque te falte.

Odio y perversión
ensombrecen tu esencia
entre cenizas.

Dama preciosa
mereces sol y luna
prados de flores.

Eres estrella
iluminas el cielo
desde adentro.

Mírate rota
comprende y perdónalo
pero no olvides.

Una mentira
nunca es la salida
trampa brillante.

Jamás impongas
cárcel a tu espíritu
respira libre.

Entre despojos
busca piezas útiles
para revivir.

Ríe de nuevo
pronunciándote al fin
grito de mujer.

MUJER

Miles de encantos
se juntan sólo en ti
fuerte y perfecta.

Única eres
sentido y armonía
del universo.

Jamás permitas
que te quiten los sueños
las esperanzas.

Ejemplos siempre
de justicia y dignidad
tu alma y corazón.

Respira hondo
¡sigue hacia delante
dando la lucha!

ALMA

Ánima inmensa
iluminas mi vida
con tus colores.

Lucero y canción
que me das la libertad
de sentir, amar.

Mariposa fiel
desata mi espíritu
vamos a volar.

Amamántame
en tu luz de esperanza
y seré inmortal.

LUZ

Limpia y prístina
invades los rincones
de mi alma inquieta.

Una gran fuente
de mil colores bellos
reflejas en mí.

Zafiros blancos
revientan en tu esencia
cálida y pura.

LUZ (II)

Lluvia de color
me llenas dentro y fuera
siempre cálida.

Ubicua eres…
en mis noches sin luna
lucen los astros.

Zurces mis sueños
iluminados de ti
con tonos de paz.

LUZ (III)

Luciérnaga soy
en medio de la noche
intento dar luz.

Un haz brillante
me envuelve tan cálido
dulce aroma.

¡Zas! Tomo impulso
tan llena de energía
sonríe mi alma.

ANAM CARA

Ángel mellizo
una sola alma grande
vive en dos cuerpos.

No hay quien pueda
aniquilar el alma
con odio, armas.

Ahora estás
perdida en tu pena
que es la mía.

Menguan tus fuerzas
cada nueva humillación
mata un poco más.

Corazón roto
en un millón de piezas
debe ya sanar.

Alma preciosa
el mundo es para ti
sé libre al fin.

Reinventa sueños
luminosos y bellos
puro cariño.

Abre las alas
nuestras almas volarán
entrelazadas.

SER

Somos todos luz
de nuestras propias noches
alumbrándolas.

Entre los demás
seres únicos siempre
sin ningún molde.

Reales, fuertes
dejamos huellas hondas
en el camino.

IMAGEN

Inolvidada
igual que hace tiempo
así me siento.

Miro mi imagen
en tu espejo brillante
no me conozco.

Alguien más hay hoy
la experiencia vital
dejó sus marcas.

Grande es mi inquietud
mas no por apariencia
esencia sí soy.

Entre facciones
dibujos y texturas
está lo que ves.

Nubes plácidas
y un arco iris de flores
llenan ya mi alma.

VIDA

Vuelo del alma
entre tantos momentos
y dimensiones.

Imagíname
en espíritu y cuerpo
respirándote.

Desde el comienzo
brillas intensamente
hasta el final.

Amas y sueñas
con un futuro pleno
de luz en color.

VIDA (II)

Vistes mi tiempo
de música y aromas
en finos tules.

Impertinente
das y quitas instantes
que no regresan.

Duermes tranquila
dueña de la existencia
señora de mí.

Astros y flores
respiran el aliento
de tu destino.

LIBERTAD

Luz en lo oscuro
despierta mi conciencia
anestesiada.

Independencia
de pensamiento y acción
gaviotas libres.

Besan mi esencia
mil instantes eternos
intensamente.

Eres el sueño
de paz y tranquilidad
que bien persigo.

Respiro libre
dentro del arco iris
de la justicia.

Tantos escollos
mas mi alma me guía
hacia la dicha.

Alas muy grandes
sostienen mi decisión
y me protegen.

Dame un momento
la fuerza y el aliento
para vivirte.

HOY

Hay que madrugar
el tiempo es aroma
se desvanece.

Otro día más
nueva oportunidad
me siento viva.

Ya no es luego
las notas efímeras
son el presente.

TIEMPO

Tantas horas ya
espero tu presencia
...pierdo mi tiempo.

Irreprochable
sin ningún miramiento
me desgastas ya.

Entre las eras
de mi historia personal
te escurres veloz.

Mi vida sigue
segundos a minutos
nunca regresan.

Pobre mi alma
te enfrenta cada día
por siempre jamás.

Otra vez, reloj
quédate bien dormido
dame tu tiempo...

TIEMPO (II)

Toda la vida
derrites los momentos
que no volverán.

Imagínome
saltando entre instantes
siglos, segundos...

Es la hora, ya
el tiempo desespera
eternamente.

Millones de eras
transforman nuestras vidas
en postpasados.

Por el sendero
del "ahora" inmediato
transito veloz.

Olvido que soy
la voz del agua y aire
materia y tiempo.

AHORA

Ayer ya se fue
con el sol de la tarde
para no volver.

Hoy estoy viva
es el mejor momento
aquí, ahora.

Orden del día
mañana es incierto
hoy es realidad.

Rompe el tiempo
intempestivamente
la existencia.

Ahora mismo
ese instante efímero
…el más intenso.

MOMENTOS

Miles de instantes
gobiernan nuestras vidas
eternamente.

Orquestas mudas
te busco en mí misma
sin resultado.

Mueren las eras
entre mis labios mustios
pronunciándote.

Estás tan lejos
me muero ya de frío
te necesito.

Nada es real
ni tú, ni yo lo somos
paisajes ciegos.

Todo pasa ya
la felicidad también
quiero cuidarla.

Otros recuerdos
abren delante de mí
abismos secos.

Sigue, espíritu
hazme volar muy alto
sobre el vacío…

FUTURO

Fresco se abre
delante de nosotros
con nuevos aires.

Un camino más
fácil, tortuoso y pleno
de mil paisajes.

Tanto que vivir
el tiempo que nos queda
…un solo instante.

Un día a la vez
convertimos la vida
en sentimiento.

Resplandecientes
de música y colores
creamos rutas.

Oasis de luz
y libre albedrío
para andar lejos…

FUTURO (II)

Fortuna y vida
no quieren detenerse
aunque lo intenten.

Un instante más
se convierte en confeti
entre mil nubes.

Todo refulge
en colores brillantes
delante de mí.

Urge encontrarme
hoy se acaba sin más
y nunca vuelve.

Romperé el tiempo
regalos de futuro
presente en trozos.

Organízome
mirando adelante
horizonte y mar.

CAMINO

Con los pies firmes
afincados al suelo
gano terreno.

Abriendo paso
el futuro espera
de mil colores.

Muchos senderos
me llevan a la meta
por sus parajes.

Iré al frente
corazón en la mano
tendida al otro.

Nunca pararé
mi destino es andar
tarareando.

Otra vereda
desafío divino
¡te conquistaré!

VERDAD

Vivir sin verdad
es nadar en el lodo
creyendo volar.

Eres belleza
de sentimientos puros
en mil colores.

Risa sincera
entre luces brillantes
corazón limpio.

Donde estés, verdad
sanas heridas graves
completamente.

Alma genuina
no eres en mentiras
respiras libre.

Date la verdad
vívela intensamente
tranquila y en paz.

PAZ

Por fin respiro
estoy conmigo misma
encontrándome.

Años buscando
tranquilidad, sosiego
por todas partes.

Zarpo alegre
mi barca es el alma
yo, su capitán.

PAZ (II)

Plenitud total
desborda nuestras almas
arco iris sin fin.

Abres las vidas
trayendo armonía
dulce perfume.

Zarabandas, mil
llenan los corazones
que parten su pan.

BRINDIS

Brindo por todos
los que me acompañan
de cerca y lejos.

Recuerdos vivos
entre miles de instantes
irrepetibles.

Infancia feliz
sueños maravillosos
en aire puro…

Nunca es tarde
para felicitarnos
por nuestros logros.

Dentro del alma
llevo los que partieron
de esta dimensión.

Infinita luz
brilla en el deseo
de sosiego y paz.

Salud y dicha
para nuestro futuro
en el ahora.

ALMA (II)

Ahora soy yo
señora del futuro
y de mi aliento.

Las alas grandes
abiertas de par en par
nunca cerraré.

Me muevo veloz
el camino se eleva
sobre la luna.

Alma y corazón
se funden en el cosmos
aroma en luz.

SED

Sed de bebernos
tu aliento en mi boca
me vuelve loca.

Entre tus brazos
perderme y encontrarme
mil veces siempre.

Dulce es tu aroma
sobre mi lengua inquieta
hambrienta de ti.

AMOR

Alegras mi alma
llenándome de dicha
por toda la piel.

Maravillado
mi espíritu vuela alto
ida y regreso.

Ostra perlada
el premio está dentro
de mi corazón.

Risueña estoy
respiro suspirando
aroma y color.

AMISTAD

Amor especial
distinto de los demás
puro cariño.

Momentos miles
se vuelven realidad
vividos o no.

Inmortal querer
sin espacio ni tiempo
viene de dentro.

Soles y lunas
confidencias, confianza
trozos del alma.

Todo lo damos
sin pedir nada a cambio
siendo sinceros.

Amistad fuerte
resiste a la ausencia
con esperanza.

Dame la mano
amigo del corazón
no me sueltes más.

FELICIDAD

Fiel solo a ti
es tu misión de vida
buscas la dicha.

En tu ser unes
mil hebras de colores
luces brillantes.

Limpias el alma
de mentiras, rencores
quedando pura.

Inquieta y libre
nos contagias a todos
bella plenitud.

Corazón amplio
henchido de emociones
sonrisa inmensa.

Invitas a andar
por este mundo grande
ayudándonos.

Dudas, nunca más
armonía divina
das tranquilidad.

Artista innata
rima mis versos nuevos
con tu música.

Dime que vienes
y respiraré libre
suspirando hondo…

MIEDO

Muchos motivos
te congelan en horror
mellando tu alma.

Inmóvil rehén
tu corazón es burla
para el terror.

Ese pánico
al dolor en soledad
muere con la paz.

Donde hay temor
la verdad te libera
desde adentro.

Once mil miedos
nunca podrán doblegar
a tu espíritu.

TRISTEZA

Tanto que soñar
cosas maravillosas
inalcanzables...

Ronda mi alma
íngrima, solitaria
vagando inerte.

Ida por vuelta
felicidad, tristeza
dos caras juntas.

Siempre al frente
arrastrando la vida
¿qué más me queda?

Tengo miedo, sí
el camino es largo
sombrío, frío.

En medio del ser
la delicada llama
se niega a morir...

Zafo mi nave
horizonte abierto
velas al viento.

Abro los brazos
llega la felicidad
para no irse más.

PERDÓNAME

Por mis defectos
en lista interminable
te causo dolor.

Eres mi vida
la búsqueda y la pasión
...tu dueña no soy.

Recupérame
del fondo oscuro, seco
de la vergüenza.

Daría todo
por volver a abrazarte
y verte reír.

Óleos finales
el dolor en contrición
me parte el alma.

Nunca fui lejos
tan solo me perdía
ciega y sorda.

Amor inmenso
mi espíritu te sigue
real y eterno.

Muchos caminos
solitarios tomarás
te protegeré.

En mi corazón
plantaste la semilla
que verás crecer.

GRACIAS

Gala divina
privilegio hermoso
tener su amistad.

Ríos de dolor
con su ayuda reencaucé
al delta final.

Abrieron brazos
corazones y manos
para apoyarme.

Cuántas sonrisas
en el rostro cansado
me dibujaron…

Impulsos grandes
mi vida apuntalaron
con frases y hechos.

A todos quienes
me dieron su ánimo
les debo mi paz.

Sola no estoy
lo sé, siempre lo supe
gracias de nuevo.

AYUDA

Al primer grito
del hermano querido
reaccionamos.

Yermos los campos
terremoto y huracán
quieren destruirnos.

Un día a la vez
sobre ruinas y escombros
caminaremos.

Donde hubo llanto
brillará un gran arco iris
paz y esperanza.

Almas al viento
corazones abiertos
apoyo mutuo.

AUXILIO

Alarma urgente
otra catástrofe más
nos ha golpeado.

Unión y fuerza
juntos nos impondremos
sobre el desastre.

Xenofobia, ¡no!
todos somos hermanos
cuando sufrimos.

Impulso innato
alimento y abrigo
solidaridad.

Luz, esperanza
bálsamo efectivo
para el alma.

Inmensa labor
por el bien de los demás
necesitados.

Ondas de vida
abrazan fuertemente
desde el corazón.

DIGNIDAD

Duele la vida
con la mirada fija
en velos grises.

Impresa llevas
la injusticia en la piel
humillándote.

Gran atrocidad
intentan mellar tu alma
presa y violada.

No caerás más
la lucha es tu esencia
corazón noble.

Integridad, sí
eres flor del desierto
recia y valiente.

Dales lecciones
profundas de humanidad
conciencia limpia.

Ante la historia
te mostrarás entera
correcta y digna.

Donde hay honor
y un gran respeto propio
está tu fuerza.

ESTUDIANTES

Entre el gran pueblo
bulle una masa unida
de almas puras.

Solos al frente
no temen a las armas
van adelante.

Tozudos luchan
por su patria hermosa
...la de nosotros.

Universales
siempre democráticos
sus ideales.

Dignos y libres
defensores de la paz
en plena guerra.

Imaginación
y más creatividad
que no termina.

Alegres sueñan
con un futuro pleno
de cosas buenas.

Nada los para
debemos apoyarlos
como uno solo.

Tristeza a un lado
cerrarán las heridas
todos ganarán.

Exigen verdad
respeto y educación
para la gente.

Sigan la senda
del doce de febrero
¡a La Victoria!

UNIVERSIDAD

Universales
son los conocimientos
que de ti brotan.

Nadie más nunca
andará en tinieblas
en tu presencia.

Imaginación
trabajo y excelencia
van por tus venas.

Victoria le das
a quien de tu semilla
cultiva frutos.

Eco fuerte eres
de la luz y la moral
indispensables.

Razón y pasión
se juntan en tu lucha
por la justicia.

Sabiduría
en tus aulas y plazas
deliberantes.

Ideas nuevas
mueven las almas limpias
que quieren crear.

Docentes nobles
abren miles de mentes
para aprender más.

Auxilio prestas
lanzándote de lleno
al duro ruedo.

Deslumbra la paz
en la casa que vence
todas las sombras.

VALOR

Veinte mil años
duró tu brava gesta
con buen coraje.

Armada de luz
la verdad ante todo
impone la paz.

Lágrimas claras
por traición e injusticia
limpian tu vida.

Otra lucha más
la causa no termina
debes resistir.

Renacerás, sí
entre polvo y cenizas
valiente y sabia.

MENTIRA

Miles de veces
te ves en el espejo
sin saberte tú.

Entraste en pena
la hipocresía duele
...la propia aún más.

No hay salida
la falsedad nos mata
si no se enfrenta.

Te engañas a ti
los cuentos son cómodos
no quieres sufrir.

Inventas verdad
siempre manipulada
tan disfrazada.

Recitas farsas
con melodías bellas
encantadoras.

Allá atrás viene
tu alma esclavizada
deseando partir...

BURLA

Bendita eres
patria grande y hermosa
cómo te engañan.

Usurpadores
robaron tu dignidad
frente al mundo.

Reacciona ya
exige transparencia
¡tienes dignidad!

Las leyes muertas
les sirven a los pillos
y nunca al pueblo.

Abre los ojos
lucha por lo que es tuyo
no les creas más.

FARSA

Fraude en la nación
mil mentiras y engaños
a todo nivel.

Armas por doquier
con ellas nos subyugan
hasta claudicar.

Ríen contentos
burlándose del jefe
…él ya no está.

Sentenciándonos
se reparten el país
sin ningún pudor.

¡Arriba pueblo
no te dejes embaucar
pide la verdad!

PERVERSIÓN

Pueblos que sufren
arrastrando sus vidas
por la miseria.

Extremos, odio
terrorismo de estado
sadismo impune.

Retardatarios
la revolución no es
algo eterno.

Violencia al día
nada vale la vida
sólo los votos.

Enemistades
entre hermanos de sangre
sin tolerancia.

Rencor tóxico
en cerebros lavados
cuerpos sin alma.

Sables y balas
son la respuesta presta
a las críticas.

Imagen del mal
niños adoctrinados
pequeños robots.

Óbitos, miles
se desangra la patria
y el jefe ríe.

Nadie escapa ya
libertad y progreso
descansan sin paz.

ODIO

Otra vez muere
un trozo más del alma
aniquilada.

Durante años
maceran mil rencores
perversamente.

Ideales... no
el amor al prójimo
desapareció.

Olas de odio
corazones podridos
no quieren sanar.

MISERIA

Mil maldiciones
de ignorancia y mezquindad
nos vuelven ciegos.

Insignes jefes
traicionaron al pueblo
deshonrándolo.

Somos hermanos
que crueles se destrozan
entre migajas.

Estrellas, soles
sirven para someter
encerrar, matar.

Ruin es el alma
del que esclaviza a otro
sin mostrar piedad.

Interesados
sólo en su bienestar
son los más vivos.

Acto inmediato:
¡luchemos por nuestro honor
hasta el final!

TERROR

Timados fuimos
aquel vil egoísmo
de nuevo triunfó.

El Bravo Pueblo
aún sigue en su choza
sin virtud ni honor.

Resentimiento
afianza las cadenas
y la opresión.

Ruin es el alma
que separa hermanos
en una nación.

Odio y violencia
para el Santo Nombre
que el yugo lanzó.

Recuperemos
la Patria soberana
con brío y unión.

UNIDAD

Una sola alma
vibra al compás del cuatro
arpa y maracas.

Nada puede ser
más fuerte que la unidad
entre nosotros.

Intrigas sucias
odio y rencores viejos
no nos tocarán.

Dentro del vientre
de esta tierra hermosa
fuimos gestados.

Aires de cambio
dignidad y respeto
sin distinciones.

Daremos todo:
amor, trabajo y tesón
por la libertad.

JUSTICIA

Jóvenes sanos
en busca de la igualdad
de corazones.

Unidos todos
no habrá obstáculos
muros ni abismos.

Saben de siempre
que hormigas y abejas
trabajan juntas.

Todo el tiempo
energía y empeño
rendirán frutos.

Inacabada
la historia contaremos
sigue adelante.

Corrupción y odio
producen desatino
en celdas frías.

Ideas limpias
guían por sendas de luz
a la dignidad.

Amanecerá
vencerá la justicia
del Bravo Pueblo.

*...y cada cosa puede reducirse
a un punto.*

www.ingramcontent.com/pod-product-compliance
Lightning Source LLC
Chambersburg PA
CBHW031410040426
42444CB00005B/493